El Año Nuevo chino

Julie Murray

Abdo Kids Junior es una
subdivisión de Abdo Kids
abdobooks.com

Abdo
FIESTAS
Kids

abdobooks.com

Published by Abdo Kids, a division of ABDO, P.O. Box 398166, Minneapolis, Minnesota 55439.
Copyright © 2020 by Abdo Consulting Group, Inc. International copyrights reserved in all countries.
No part of this book may be reproduced in any form without written permission from the publisher.
Abdo Kids Junior™ is a trademark and logo of Abdo Kids.

Printed in the United States of America, North Mankato, Minnesota.

052019

092019

THIS BOOK CONTAINS
RECYCLED MATERIALS

Spanish Translator: Maria Puchol

Photo Credits: Alamy, AP Images, Getty Images, iStock, Shutterstock

Production Contributors: Teddy Borth, Jennie Forsberg, Grace Hansen

Design Contributors: Christina Doffing, Candice Keimig, Dorothy Toth

Library of Congress Control Number: 2018968185
Publisher's Cataloging-in-Publication Data

Names: Murray, Julie, author.
Title: El año nuevo chino/ by Julie Murray.
Other title: Chinese new year. Spanish
Description: Minneapolis, Minnesota : Abdo Kids, 2020. | Series: Fiestas
Identifiers: ISBN 9781532187247 (lib.bdg.) | ISBN 9781644941324 (pbk.) | ISBN 9781532188220 (ebook)
Subjects: LCSH: Chinese New Year--Juvenile literature. | Holidays, festivals, & celebrations--Juvenile
    literature. | China--Social life and customs--Juvenile literature. | Ethnic festivals--Juvenile literature.
    | Spanish language materials--Juvenile literature.
Classification: DDC 394.2614--dc23

Contenido

El Año Nuevo chino

¡Ya está aquí el Año Nuevo chino! Se celebra durante 15 días.

Suele ser en enero o en febrero.

Chun se prepara.

Limpia su casa.

Li usa el color rojo para **decorar** todo. Es el color de la buena suerte.

Amy cuelga frases para la buena suerte.

Jin disfruta de la **danza del león**.

¡Los leones traen buena suerte!

14

Tao come con su familia.

Mia abre un regalo. Es un sobre de color rojo. Dentro hay dinero.

Llega el día del Festival de las Linternas. Ling cuelga una linterna. ¡Las linternas iluminan la noche!

Símbolos del Año Nuevo chino

los dragones

frases para la buena suerte

las linternas

los sobres de color rojo

Glosario

danza del león
baile tradicional de la cultura china representado en grandes ocasiones. Según su creencia trae buena suerte.

decorar
hacer más bonito añadiendo adornos.

Festival de las Linternas
festividad china que sirve para despedir las celebraciones del Año Nuevo chino.

Índice

Abdo Kids
ONLINE
FREE! ONLINE MULTIMEDIA RESOURCES

¡Visita nuestra página abdokids.com y usa este código para tener acceso a juegos, manualidades, videos y mucho más!

Código Abdo Kids:
HCK1702